RACIAL JUSTICE IN AMERICA

LATINX AMERICAN

WHAT Is a DREAMER?

¿QUÉ es un SOÑADOR?

BRENDA PEREZ MENDOZA

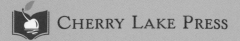
CHERRY LAKE PRESS

Published in the United States of America by Cherry Lake Publishing Group
Ann Arbor, Michigan
www.cherrylakepublishing.com

Reading Adviser: Beth Walker Gambro, MS, Ed., Reading Consultant, Yorkville, IL
Content Adviser: Carlos Hernández, PhD, Assistant Professor, Center for Latino/a and Latin American Studies, Wayne State University
Copyeditor: Lorena Villa Parkman
Book Design and Cover Art: Felicia Macheske

Photo Credits/Fotografías: page 8: © Artiom Photo/Shutterstock; page 11: © Iryna Inshyna/Shutterstock; page 14: Dreamer movement/Wikimedia Commons; page 18: Pete Souza/The White House via Flickr; page 21: © Bob Korn/Shutterstock; page 24: © Victoria Pickering/Flickr (CC BY-NC-ND 2.0); page 28: © Manuel Balce Ceneta/AP Photo; page 32: © Gage Skidmore/Flickr (CC BY-SA 2.0); page 32: Courtesy of Cindy Nava; page 40: © Roberto Galan/Shutterstock; page 42: © Warren Eisenberg/Shutterstock

Cherry Lake Press is an imprint of Cherry Lake Publishing Group.

Library of Congress Cataloging-in-Publication Data has been filed and is available at catalog.loc.gov.

Cherry Lake Publishing Group would like to acknowledge the work of the Partnership for 21st Century Learning, a Network of Battelle for Kids. Please visit http://www.battelleforkids.org/networks/p21 for more information.

Printed in the United States of America

Note from publisher: Websites change regularly, and their future contents are outside of our control. Supervise children when conducting any recommended online searches for extended learning opportunities.

Brenda Perez Mendoza, M.A. is an award-winning K-12 ELL specialist. She grew up a Spanish-speaker first. When she went to school, there wasn't enough support students learning the English language. That is what drove her to become an EL teacher and work with bilingual students. She works to help all students, Latinx especially, embrace their culture and celebrate who they are. Today, she lives in Chicago, Illinois, and is the mother of five beautiful and vibrant children.

Brenda Pérez Mendoza es una educadora y defensora de derechos galardonada. Creció en Cicero con el español como lengua materna. Cuando iba a la escuela, no había suficiente apoyo para los estudiantes que aprendían inglés. Eso la llevó a convertirse en una especialista en estudiantes de inglés (English Language Learners o ELL) de primaria y secundaria (K-12) y a trabajar con estudiantes bilingües. Trabaja defendiendo los derechos de todos los estudiantes, especialmente latinxs, integrando su cultura y celebrando quiénes son. Actualmente, vive en Chicago, Illinois; está comprometida con ofrecer a los estudiantes prácticas sensibles a la cultura de cada uno y a defender los derechos integrales del niño.

CHAPTER 1

What Is a Dreamer

What is a Dreamer? A dreamer is someone who can imagine something. A dreamer works to make it happen in real life. However, a Dreamer in this book means something different. Dreamer is a title. It comes from a bill introduced in the **U.S. Congress**. The bill was called the DREAM Act. Congress is part of the government. It is the part that makes laws. The DREAM Act stands for the Development, Relief, and Education for Alien Minors Act. The bill did not become a law. But, its purpose and message gained support.

CAPÍTULO 1

¿Qué es un Soñador?

¿Qué es un soñador? Un soñador es alguien que puede imaginar algo. Un soñador trabaja para hacer que eso que imagina suceda en la vida real. Sin embargo, cuando hablemos de un Soñador en este libro, vamos a estar hablando de otra cosa. Soñador es un título. Proviene de un proyecto de ley presentado en el **Congreso de los Estados Unidos**. El proyecto de ley se llamaba Ley DREAM (o "SUEÑO", en español). El Congreso es parte del gobierno. Es la parte que hace las leyes. Las siglas de la Ley DREAM vienen de *Development, Relief and Education for Alien Minors* ("Desarrollo, asistencia y educación para menores extranjeros"). El proyecto no se convirtió en ley. Sin embargo, su propósito y su mensaje ganaron apoyo.

The bill was written to help people who came to the United States as children. The people it was meant to help are called the Dreamers. A Dreamer has lived and attended school in the U.S. most of their lives. The George W. Bush Presidential Center explains Dreamers like this: "Dreamers are American in every way except their paperwork."

The United States government has three branches

Legislative: The legislative branch includes Congress. Congress has two parts: the Senate and the House of Representatives. Every resident in the U.S. is represented by a member of the House of Representatives and two senators from their state. Representatives are **elected**.

Executive: The executive branch includes the president, vice president, the president's advisors, called a Cabinet, and the departments that they run. The president and vice president are elected. The president chooses Cabinet members. The Senate approves the members.

Judicial: The judicial branch includes the U.S. court system. The Supreme Court is the highest court. It has nine Justices, or judges. There are many lower courts, too. The president chooses the judges. The Senate approves them.

El proyecto de ley fue escrito para ayudar a aquellos que llegaban a los Estados Unidos siendo niños. Las personas a las que quería ayudar son conocidas como "Soñadores". Un Soñador ha vivido y asistido a la escuela en los Estados Unidos la mayor parte de su vida. Como lo explica el Centro Presidencial George W. Bush: "Los Soñadores son estadounidenses en todos los sentidos, excepto en los papeles".

El gobierno de los Estados Unidos tiene tres poderes

Legislativo: El poder legislativo incluye al Congreso. El Congreso tiene dos partes: el Senado y la Cámara de Representantes. Cada residente de los Estados Unidos es representado por un miembro de la Cámara de Representantes y dos senadores de su Estado. Los representantes son **electos**.

Ejecutivo: El poder ejecutivo incluye al presidente, al vicepresidente, a los consejeros del presidente, que conforman el Gabinete, y a los departamentos que estos dirigen. El presidente y el vicepresidente son electos. El presidente elige a los miembros del Gabinete. El Senado aprueba a los miembros.

Judicial: Este poder comprende el sistema judicial de los Estados Unidos. La Corte Suprema es el tribunal superior del país. Tiene nueve jueces, también llamados "magistrados". También hay muchas cortes inferiores. El presidente elige a los jueces; el senado los aprueba.

Dreamers arrived without proper documentation. They were immigrants, but they grew up **undocumented**. An undocumented immigrant is someone born outside of the United States who does not have the proper documentation, like a visa. A visa is a document that allows a person to stay in or leave a country.

Immigrants come to the United States seeking opportunities they can't find elsewhere. But undocumented children do not have a choice about which country they prefer to grow up in. Their parents make that choice. Dreamers' parents felt that there were more opportunities for themselves and their children in the U.S. Many felt it was safer in the U.S.

Los Soñadores llegaron sin la documentación apropiada. Eran inmigrantes, pero crecieron **indocumentados**. Un ciudadano Indocumentado es alguien nacido fuera de los Estados Unidos que no tiene la documentación adecuada para vivir aquí, como una visa. Una visa es un documento que permite a una persona permanecer en un país o salir de él.

Vinieron a los Estados Unidos en busca de oportunidades que no pueden encontrar en ningún otro lado. Pero los niños indocumentados no toman decisiones respecto al país en el que les gustaría crecer. Sus padres toman esa decisión por ellos. Los padres de los Soñadores decidieron que había más oportunidades para ellos y para sus hijos en los Estados Unidos. Muchos sintieron que era más seguro en los EE. UU.

◀ Visa applications require official documents, translations of documents, fees, and an interview.

◀ Las solicitudes de visa requieren documentos oficiales, traducciones de documentos, cuotas y una entrevista.

Being in the United States without proper documentation is not a crime. Being in the United States without the right documents is considered a civil violation. Dreamers did not know this. They were too young. Their parents or guardians brought them to the U.S. The George W. Bush Presidential Center says, "Dreamers—children who were brought to the United States without documentation—should have the opportunity to become American citizens." Not everyone agrees.

There may be as many as 3.6 million Dreamers living in the U.S. ▶

Se calcula que podrían haber alrededor de 3.6 millones de Soñadores viviendo en Estados Unidos. ▶

Pero simplemente estar en los Estados Unidos sin documentación adecuada no es un crimen en sí mismo. Estar en los Estados Unidos sin los documentos correctos se considera una violación civil. Los Soñadores no sabían esto, ya que eran demasiado jóvenes. Sus padres o tutores los trajeron a los EE. UU. El Centro Presidencial George W. Bush dice: "Los Soñadores —niños que fueron traídos a los Estados Unidos sin documentación— deberían tener la oportunidad de convertirse en ciudadanos americanos". No todo el mundo está de acuerdo.

CHAPTER 2

What Is the History of Dreamers?

In 2001, Congress member Luis Gutiérrez introduced an early version of the DREAM Act. Luis Gutiérrez is a Latino politician. He was a member of the Chicago City Council. Then he was elected to Congress. Later, Senators Dick Durbin and Orrin Hatch introduced the first official DREAM Act.

The DREAM Act gave hope. It would have given undocumented children temporary **residency**. The word residency describes where a person lives. Temporary residency is a legal term. It means that they would have permission to stay. Temporary residency only lasts for about 2 years.

CAPÍTULO 2

¿Cuál es la historia de los Soñadores?

En 2001, el congresista Luis Gutiérrez presentó una primera versión del la Ley DREAM. Luis Gutiérrez es un político latino. Fue miembro del Concejo municipal de Chicago. Luego fue elegido para ser parte del Congreso. Más tarde, los senadores Dick Durbin y Orrin Hatch introdujeron el primer DREAM Act oficial

La Ley DREAM generó esperanza. Les iba a dar a los niños indocumentados una residencia temporal. La palabra "residencia" se refiere a dónde vive una persona. "Residencia temporal" es un término legal. Significa que iban a tener permiso para permanecer en el país. La residencia temporal solo dura unos 2 años.

The proposed act also gave Dreamers a way to get permanent residency. They would have to go to school. They would have to work hard. They would have to promise to get jobs in the U.S. If they did these things, they would be allowed to stay. A permanent resident can stay and live in the United States as long as that person wants. The proposed act said that if undocumented children went to school, worked hard, and promised to get a job in the U.S., they could go to college and contribute to the society. The 2001 bill did not pass.

There have been many versions of the DREAM Act, one version of it was introduced in 2010 and almost became law. Unfortunately, the DREAM Act did not pass. It was only five votes short.

La ley propuesta también les daba a los Soñadores una forma para obtener la residencia permanente. Tendrían que estudiar. Tendrían que trabajar. Tendrían que prometer que conseguirían trabajo en los Estados Unidos. Al hacer estas cosas, tendrían permitido quedarse. Un residente permanente puede quedarse y vivir en los Estados Unidos durante el tiempo que quiera. Si los niños indocumentados van a la escuela, trabajan duro y prometen conseguir un trabajo en los Estados Unidos, pueden ir a la universidad y contribuir con la sociedad. El proyecto de ley de 2001 no fue aprobado.

Ha habido muchas versiones de la Ley DREAM, una de las cuales fue presentada en 2010 y casi se convirtió en ley. Desafortunadamente, la Ley DREAM no fue aprobada. Solo le faltaron cinco votos.

◀ Tania Unzueta, Lizbeth Mateo, Yahaira Carrillo, Mohammad Abdollahi, and Raúl Alcaraz (left to right) stage a sit-in protest in Senator John McCain's Arizona office in 2010.

◀ En 2010, Tania Unzueta, Lizbeth Mateo, Yahaira Carrillo, Mohammad Abdollahi y Raúl Alcaraz (de izquierda a derecha), protestaron fuera de la oficina del entonces senador por Arizona, John McCain.

In 2010, a group of undocumented youth started a movement. It was called the Dreamers Movement. The movement was nonviolent. Nonviolent civil disobedience means disobeying the government without using violence. The Dreamers Movement started when four young undocumented students went to the office of Senator John McCain in Arizona. A legal resident, Raúl Alcaraz, joined them. They refused to leave. The group formed hunger strikes, marches, and protests to bring attention to the DREAM Act.

Nonviolent movements are a very important part of our country. Many groups have used nonviolent and civil disobedience to draw attention to their causes. Dr. Martin Luther King Jr. was a leader of the Civil Rights Movement in the 1950s and 1960s. He led nonviolent protests across the country. He helped get the Civil Rights Act of 1964 passed. It became law. The United Farmworkers Movement used nonviolent protest, too. It helped get higher wages and better working conditions for U.S. farmworkers.

En 2010, un grupo de jóvenes indocumentados comenzaron un movimiento. Fue llamado "el movimiento de los Soñadores". El movimiento era no violento. "Desobediencia civil no violenta" significa desobedecer al gobierno sin usar la violencia. El movimiento de los Soñadores comenzó cuando cuatro jóvenes estudiantes indocumentados fueron a la oficina del senador John McCain en Arizona. Un residente legal, Raúl Alcaraz, se les unió. Se negaron a irse. El grupo inició huelgas de hambre, marchas y protestas para atraer la atención del público a la Ley DREAM.

Los movimientos no violentos son una parte muy importante de nuestro país. Muchos grupos han utilizado la desobediencia civil y no violenta para llevar atención a sus causas. El Dr. Martin Luther King Jr. fue un líder del Movimiento por los Derechos Civiles en las décadas de 1950 y 1960. Lideró protestas no violentas en todo el país. Él ayudó a que se aprobara la Ley de Derechos Civiles de 1964, que se convirtió en ley. El Movimiento de Trabajadores Agrícolas Unidos también utilizó protestas no violentas. Estas ayudaron a que los trabajadores agrícolas estadounidenses obtuvieran salarios más altos y mejores condiciones de trabajo

Since the DREAM Act did not pass, its supporters looked for another way. In 2012, former president Barack Obama introduced DACA. DACA stands for Deferred Action for Childhood Arrivals. DACA was not a law. It was not passed by Congress. DACA was an executive order. Presidents give executive orders to direct how the executive branch of government will do its work. The executive branch oversees how laws are enforced, including laws that affect Dreamers.

Desde el momento en que la Ley DREAM fue rechazada, sus defensores buscaron otras maneras de lograr sus objetivos. En 2012, el expresidente Barack Obama presentó DACA. DACA son las siglas de Deferred Action for Childhood Arrivals ("Acción diferida para los llegados en la infancia", en español). DACA no era una ley. No tenía que ser aprobada por el Congreso. DACA era una orden ejecutiva. Los presidentes dan órdenes ejecutivas para indicar cómo el poder ejecutivo del gobierno debe hacer su trabajo. El poder ejecutivo supervisa cómo se hacen cumplir las leyes, incluidas las leyes que se aplican a los soñadores.

◀ President Barack Obama meets with Dreamers in the Oval Office in 2015 to talk about DACA.

◀ En 2015, el presidente Barack Obama se reunió en la Oficina Oval con un grupo de Soñadores para hablar sobre DACA.

The DACA order changed how the government treated Dreamers. Dreamers could attend college and work without the fear of being **deported**. According to research, DACA allowed 828,270 undocumented students to remain in the country legally.

DACA does not give permanent residency, however. Dreamers need to renew their application every 2 years. Politics and policies can change quickly.

Protesters demonstrate in front of the White House in 2017 as the new administration threatened to end DACA. ▶

En 2017, varios manifestantes se reunieron frente a la Casa Blanca cuando la nueva administración amenazaba con terminar DACA. ▶

La orden DACA cambió cómo el gobierno trataría a los Soñadores. Los Soñadores podrían asistir a la universidad y trabajar, sin el temor de ser **deportados**. Según una investigación, DACA permitió que 828,270 estudiantes indocumentados permanecieran en el país legalmente.

Sin embargo, DACA no les otorgó la residencia permanente. Los Soñadores deben renovar su solicitud cada 2 años. Y los políticos y sus políticas pueden cambiar rápidamente.

CHAPTER 3

What Does the Future of Dreamers Look Like?

Many of the Dreamers today have qualified under DACA to be temporary residents and can eventually become naturalized U.S. citizens. But there have not been any new Dreamers in some time. Leaders in Texas challenged DACA in court in 2021.

The State of Texas sued the Department of Homeland Security. The Department of Homeland Security is part of the executive branch. It is in charge of DACA applications. The leaders in Texas believed that DACA was **unlawful**. Unlawful means that it should not be permitted to be a law. The **lawsuit** claimed that too many undocumented minors used Texas resources. It claimed that school and medical treatment should only be for U.S. citizens.

CAPÍTULO 3

¿Cómo será el futuro de los Soñadores?

Muchos de los Soñadores hoy han calificado bajo DACA para ser residentes y pueden eventualmente convertirse en ciudadanos estadounidenses naturalizados. Sin embargo, no han habido nuevos Soñadores calificados bajo DACA desde hace ya tiempo. En 2021, los gobernantes en Texas quisieron derogar DACA en la corte.

El Estado de Texas demandó al Departamento de Seguridad Nacional. El Departamento de Seguridad Nacional es parte del poder ejecutivo. Está a cargo de las solicitudes de DACA. Los gobernantes de Texas creían que DACA era **ilícito**. "Ilícito" significa que no se debe permitir que sea una ley. La **demanda** afirmaba que demasiados menores indocumentados usaban los recursos de Texas. Afirmaba que la escuela y los tratamientos médicos debían solo estar disponibles para los ciudadanos estadounidenses.

It also claimed that DACA went against the Immigration Nationality Act. The Immigration Nationality Act was created in 1965. It had rules about how to bring skilled people into the U.S. The lawsuit claimed that DACA broke immigration law.

Some U.S. citizens felt that former President Obama overstepped his authority. They think the executive order went against what people wanted.

También alegaban que DACA iba en contra de la Ley de Inmigración y Nacionalidad. La Ley de Inmigración y Nacionalidad fue creada en 1965. Incluía reglas sobre cómo traer a gente cualificada a los Estados Unidos. La demanda afirmaba que DACA incumplía esa Ley de Inmigración.

Algunos ciudadanos estadounidenses sentían que el expresidente Obama había sobrepasado su autoridad. Pensaban que la orden ejecutiva iba contra lo que la gente quería.

◀ People rally in front of the Supreme Court while it hears arguments for and against DACA in 2019.

◀ En 2019, grupos de personas se manifestaron frente a la Suprema Corte mientras se escuchaban los argumentos a favor y en contra de DACA.

Many first time DACA applicants are not being processed because of this lawsuit. A federal court agreed with Texas. It said DACA is unlawful. The court is allowing DACA to stay in place, but only for people who have already qualified. Dreamers who have applied since 2021 have not been approved. They cannot go to school or work without fear. They fear they may be deported. They would be sent to a place they were too young to remember. They would lose the only home they know.

DACA guidelines set rules for people who applied. Applicants need to prove that they were in the country for at least 10 years. They also have to prove that they entered the U.S. before the age of 16. They have to have **background checks**. They need to promise to go to college. The process is not easy.

Debido a esta demanda, muchos solicitantes primerizos de DACA no están siendo procesados. Una corte federal estuvo de acuerdo con Texas. Dijo que DACA es ilícita. La corte permite que DACA permanezca, pero solamente para la gente que ya ha calificado para recibir sus beneficios. Los Soñadores que los han solicitado a partir de 2021 no han sido aprobados. No pueden estudiar ni trabajar sin miedo. Temen que pueden ser deportados. En tal caso, serían enviados a lugares que muchos no pueden recordar siquiera, porque eran demasiado jóvenes cuando se marcharon. Perderían el único hogar que conocen.

Las pautas de DACA fijaron las reglas para la gente que aplica para obtener sus beneficios. Los solicitantes deben demostrar que estuvieron en el país durante al menos 10 años. También tienen que probar que entraron a los Estados Unidos antes de cumplir los 16 años. Tienen que pasar por **verificaciones de antecedentes** y necesitan prometer que irán a la universidad. El proceso no es sencillo.

Supporters of DACA fear that it will disappear in the near future. They want Congress to pass a law. They want protections for undocumented minors. Those same **advocates** believe that we need to do more than just pass protections for undocumented minors. They believe that it is time to fix our broken immigration system. Congress needs to find ways to protect DACA so that undocumented minors can keep attending school without the fear.

Congress is getting closer. A new Dream Act was introduced by Senators Lindsey Graham and Dick Durbin. They are from different **political parties**. The act is called the Dream Act of 2023. If passed, Dreamers would have a chance to build the life they want in the U.S.

Los que defienden la orden DACA temen que esta desaparezca en un futuro cercano. Por eso, lo que quieren es que el Congreso apruebe una ley. Quieren que haya protecciones para los menores de edad indocumentados. Esos mismos **defensores de derechos** creen que tenemos que hacer algo más que simplemente aprobar protecciones para menores indocumentados; creen que ya es hora de arreglar nuestro dañado sistema de inmigración. El Congreso necesita encontrar maneras de proteger DACA para que los menores de edad indocumentados puedan seguir asistiendo a la escuela sin miedo.

El Congreso se está acercando a lograrlo. Una nueva Ley DREAM fue presentada por los senadores Lindsey Graham y Dick Durbin. Son de diferentes **partidos políticos**. La ley se llama Ley DREAM de 2023. Si es aprobada, los Soñadores van a tener la oportunidad de construir la vida que desean en los Estados Unidos.

◀ Senator Lindsey Graham
(right) and Senator
Dick Durbin (left)
speak about immigration.

◀ El senador Lindsey Graham
(derecha) y el senador
Dick Durbin (izquierda),
hablan sobre migración.

CHAPTER 4

Where Are Dreamers Today?

Many Dreamers have qualified for DACA and have gone on to contribute to the U.S. in amazing ways. Hundreds have served in the military. They chose to fight for this country. They believe in what the country stands for. Many of them are legal permanent residents now.

Gaby Pacheco was one of the first DACA recipients. She went on to become an advocate for immigration and even worked for the President. She later started her own non-profit called the "Bridge Project." Her goal now is to help people understand why immigration is important. She wants to show people how our shared experiences can help us understand each other. She wants the United States to become a more **inclusive** country. She doesn't think anyone should be left out.

CAPÍTULO 4

¿Dónde están los Soñadores hoy?

Muchos Soñadores han calificado para DACA y han pasado a contribuir con los Estados Unidos en formas asombrosas. Cientos han servido en el ejército. Eligieron luchar por este país. Creen en lo que el país representa. Muchos de ellos ahora son residentes permanentes legales.

Gaby Pacheco fue una de las primeras beneficiarias de DACA. Se convirtió en una defensora de los derechos de los inmigrantes e incluso trabajó para el presidente. Más tarde, comenzó su propia organización sin fines de lucro llamada Bridge Project. Su objetivo ahora es ayudar a que las personas comprendan por qué la inmigración es importante. Quiere mostrarle a la gente cómo nuestras experiencias compartidas pueden ayudarnos a entendernos unos a otros; y quiere que los Estados Unidos sea un país más **inclusivo**. No cree que nadie debería ser dejado fuera.

DACA recipient Cristina Much and Erika Andiola became advocates in their state of Arizona. They work to help people become U.S. **citizens**. Citizens have more rights than temporary or permanent residents. Citizens can fully participate in the country. Citizens can vote. They can be elected. Citizens decide the future of the country.

Cindy Nava is another former DACA recipient. She became a U.S. citizen in 2021. She came to the U.S. from Mexico as an undocumented child. She grew up in New Mexico and was the first in her family to graduate high school and college. Cindy went on to become a public policy advocate. She works to empower youth. To empower means to make strong. It means to help them take control of their futures.

Las beneficiarias de DACA Cristina Much y Erika Andiola se convirtieron en defensoras de derechos en su estado, Arizona. Trabajan para ayudar a las personas a convertirse en **ciudadanos estadounidenses**. Los ciudadanos tienen más derechos que los residentes temporales o permanentes. Los ciudadanos pueden participar plenamente en el país: pueden votar y pueden ser elegidos como representantes. Los ciudadanos deciden el futuro del país.

Cindy Nava es otra ex beneficiaria de DACA. Se convirtió en ciudadana estadounidense en 2021. Llegó a los Estados Unidos desde México como una niña indocumentada. Creció en Nuevo México y fue la primera de su familia en graduarse de la escuela secundaria y la universidad. Cindy se convirtió en una defensora de las políticas públicas. Trabaja para empoderar a los jóvenes. "Empoderar" significa hacer fuerte. Significa que los ayudan a tomar el control de su futuro.

◀ Erika Andiola speaks at a campaign rally in Arizona.

◀ Erika Andiola habla en un evento político en Arizona.

Nava became the first DACA recipient to obtain a presidential appointment. She works in the White House in Washington, D.C. The White House is where the president of the United States lives and works. She is a White House Presidential Appointee and Senior Policy Advisor. She works for the U.S. Department of Housing & Urban Development. Nava says, "If you ever ask yourself if you belong, yes you do!"

Nava se convirtió en la primera beneficiaria de DACA en obtener un cargo designado por el presidente. Trabaja en la Casa Blanca en Washington, D.C. La Casa Blanca es donde vive y trabaja el presidente de los Estados Unidos. Es una funcionaria designada por el presidente de la Casa Blanca y consejera superior de políticas. Trabaja para el Departamento de Vivienda y Desarrollo Urbano de los Estados Unidos. Nava dice: "Si en algún momento te preguntas si perteneces, ¡la respuesta es sí!".

◀ Cindy Nava was also the first undocumented person to intern with a national political party in Washington, D.C.

◀ Cindy Nava fue la primera persona indocumentada en trabajar como becaria en un partido político en Washington D.C.

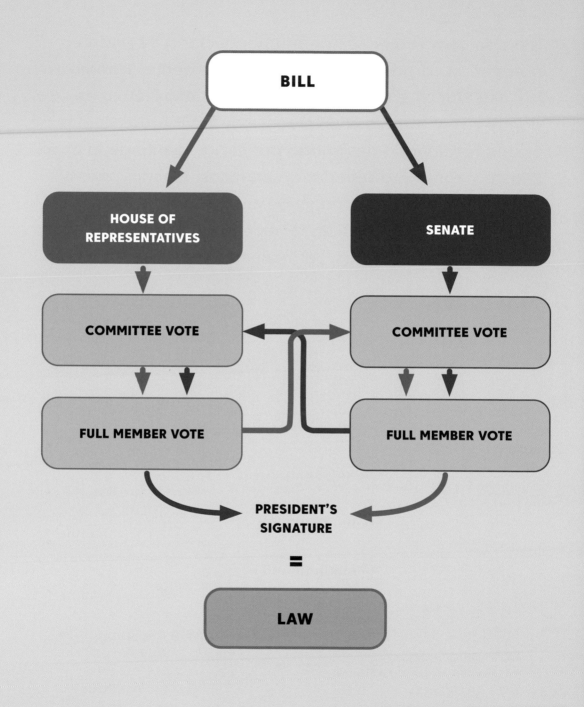

BILL

HOUSE OF REPRESENTATIVES

SENATE

COMMITTEE VOTE

COMMITTEE VOTE

FULL MEMBER VOTE

FULL MEMBER VOTE

PRESIDENT'S SIGNATURE

=

LAW

Many bills are introduced in Congress every year. Very few of them become law. A bill can be introduced in the House of Representatives or the Senate. Most bills go through a **committee**. This is a group of representatives or senators that discuss the bill and vote on it. If the group votes for it, it is brought to the floor of the House or the Senate. Then, all members of the House or Senate have a chance to vote on it. Even if more people vote for it than against it, it is still not law. A bill passed by the House is sent on to the Senate. A bill passed by the Senate is sent on to the House. Both the House and Senate have to pass the bill. But it is still not law. The bill is sent to the president. If the president signs it, then and only then does it become a law.

Muchos proyectos de ley se presentan en el Congreso cada año. Muy pocos de ellos se convierten en leyes. Un proyecto de ley puede ser presentado en la Cámara de Representantes o en el Senado. La mayoría de los proyectos de ley pasan por un **comité**. Se trata de un grupo de representantes o senadores que discuten el proyecto de ley y lo votan. Si el grupo vota por él, se lo lleva a la Cámara de Representantes o al Senado. Entonces, todos los miembros de la Cámara o el Senado tienen la oportunidad de votarlo. Incluso si más gente vota a favor que en contra, todavía no se convierte en ley. Un proyecto de ley aprobado por la Cámara de Representantes se envía al Senado. Un proyecto de ley aprobado por el Senado se envía a la Cámara de Representantes. Tanto la Cámara de Representantes como el Senado tienen que aprobar el proyecto de ley. Pero incluso entonces no se convierte en ley. El proyecto de ley se envía al presidente. Si el presidente lo firma, entonces y solo entonces se convierte en ley.

CHAPTER 5

How Can We Be Better?

Now you have learned about Dreamers. Let's work to keep the dream alive.

We all come from different positions of **privilege**. We also have different types of privilege. Privilege is a special right or advantage. It is given to a chosen person or group. It is not earned. In the United States, speaking English provides privilege. Other examples include being born in the U.S. or to parents who are U.S. citizens. It's hard to get ahead in a world that is not made for you. Use your privileges. Help all people achieve equality.

CAPÍTULO 5

¿Cómo podemos ser mejores?

Ahora que has aprendido sobre los Soñadores, trabajemos para mantener el sueño vivo.

Todos venimos de diferentes posiciones de **privilegio**. También tenemos diferentes tipos de privilegios. El privilegio es un derecho o ventaja especial. Se da a una persona o a un grupo de personas determinadas. No es algo que se gana. En los Estados Unidos, hablar inglés proporciona un privilegio. Otros ejemplos incluyen haber nacido en los EE. UU. o de padres que son ciudadanos de los EE. UU. Es difícil tener éxito en un mundo que no está hecho para ti. Usa tus privilegios. Ayuda a que todos puedan lograr la igualdad.

Start with Yourself!

Everybody can do something. Just start somewhere. Start small. Build your self-awareness and your knowledge.

- Learn more about different Latinx groups. Don't clump all Latinx people together. Know the differences.

- Reject **xenophobia**. Define how you view people in your own terms.

- Learn more about Latinx American history.

¡Empieza contigo mismo!

Todos pueden hacer algo. Simplemente comienza con algo. Con algo pequeño. Sé consciente de tu propia situación y aumenta tus conocimientos.

- Aprende más sobre los diferentes grupos de latinxs. No pongas a todas las personas latinas en la misma bolsa. Conoce las diferencias.

- Rechaza la **xenofobia**. Decide qué piensas de las personas por ti mismo.

- Aprende más sobre historia latinoamericana.

◀ A Venezuelan dance group celebrates Hispanic Heritage Month in a Washington, D.C. parade.

◀ Un grupo de baile venezolano celebra el Mes de la herencia hispana en un festival en Washington, D.C.

Be an Ally!

Being an ally is the first step in racial justice work. Allies recognize their privilege. They use it in solidarity with others. They see something and they say something.

- Speak up when you hear others supporting xenophobia. Speak up against comments like "Go back where you came from!"

- You can say, "This country welcomes everyone. We all belong. We all have a right to live and work in peace."

¡Sé un aliado!

Ser un aliado es el primer paso en el trabajo por la justicia racial. Los aliados reconocen sus privilegios. Los utilizan en solidaridad con los demás. Cuando ven algo, lo dicen.

- Alza tu voz cuando escuches que otros promueven la xenofobia. Alza tu voz en contra de comentarios como estos: "¡Vuelvan al lugar de donde vinieron!".

- Puedes decir: "Este país les da la bienvenida a todos. Todos pertenecemos aquí. Todos tenemos derecho a vivir y trabajar en paz".

◀ Think of a time you felt welcome somewhere. What helped you feel that way? What can you do to help people feel welcome in your community?

◀ Piensa en alguna ocasión cuando te sentiste bienvenido en algún lugar. ¿Qué te ayudó a sentirte así? ¿Qué puedes hacer para que las personas se sientan bienvenidas en tu comunidad?

Be an Advocate!

Being an advocate goes beyond allyship. Advocates use their privilege. They challenge supremacy. They are willing to be uncomfortable. They stand up for equal rights.

- Stand with Latinx Americans to increase representation. For example, find out what programs are offered to Latinx students. Start a club to celebrate Latinx culture. Ask your teachers to include more culturally relevant books. Make a list of books for others to read.

- Reach out to organizations in your area that help undocumented immigrants or undocumented minors. Find out how you can help.

- Write to your congressperson and senators. Encourage them to support the Dream Act of 2023. Tell them people should not be treated unfairly for things that happened to them as children. People deserve the right to live free of fear.

¡Sé defensor!

Ser defensor va más allá de ser un aliado. Los defensores utilizan su privilegio. Desafían la supremacía. Están dispuestos a sentirse incómodos. Defienden los derechos igualitarios.

- Apoya a los latinoamericanos para aumentar su representación. Por ejemplo, averigua qué programas se ofrecen a estudiantes latinxs. Inicia un club para celebrar la cultura latina. Pídeles a tus maestros que incluyan más libros culturalmente relevantes. Haz una lista de libros para que otros los lean.

- Comunícate con organizaciones en tu área que ayuden a inmigrantes indocumentados o a menores de edad indocumentados. Averigua cómo puedes ayudar.

- Escríbeles a tus congresistas y senadores. Anímalos a que apoyen la Ley DREAM de 2023. Diles que las personas no deben ser tratadas de forma injusta por cosas que les sucedieron cuando eran niños. Las personas tienen el derecho a vivir sin miedo.

WE GROW TOGETHER

The Dream Act of 2023 is a bipartisan bill. That means people from the two major political parties support it. A lot of politics is about winning. The two parties, Republican and Democrat, try to win. They want their ideas to be popular. They want their ideas to become law. A bipartisan bill means they are working together. When politicians work together, it is not about winning. It is about doing what is right for people in the United States.

With an adult, look online for examples of bipartisan bills.

- Learn about what the bill was about.
- Find out who introduced it.
- Find out who supported it.
- Did it become law? Why or why not?

Finding ways to agree with each other can be hard. It can be hard for anyone. It is important to listen to other people. Ask questions about what they think or believe. Challenge yourself by asking yourself questions about what you think or believe. Find ways to compromise with other people. You may have different beliefs, but respecting each other is important. So is caring for others. Caring for others is what makes a community strong.

CRECEMOS JUNTOS

La Ley DREAM de 2023 es un proyecto de ley bipartidista. Eso significa que personas de los dos principales partidos políticos lo apoyan. Gran parte de la política se trata de ganar. Los dos partidos, republicanos y demócratas, intentan ganar. Quieren que sus ideas sean populares. Quieren que sus ideas se conviertan en leyes. Un proyecto de ley bipartidista significa que los partidos están trabajando juntos. Cuando los políticos trabajan juntos, el deseo no es ganar, sino hacer lo correcto para la gente de los Estados Unidos.

Junto con un adulto, busca en línea ejemplos de proyectos de ley bipartidistas.

- Aprende de qué se trataba el proyecto de ley.
- Averigua quién lo presentó.
- Averigua quién lo apoyó.
- ¿Se convirtió en ley? ¿Por qué? ¿O por qué no?

Encontrar puntos de acuerdo entre los partidos puede ser difícil. Puede ser duro para cualquier persona. Es importante escuchar a los otros, hacer preguntas sobre lo que piensan o creen. Desafíate a ti mismo haciéndote preguntas sobre lo que piensas o crees. Encuentra formas de llegar a acuerdos con otras personas. Pueden tener diferentes creencias, pero es importante que se respeten mutuamente. También es importante preocuparse por los demás. Preocuparse por los demás es lo que hace que una comunidad sea fuerte.

EXTEND YOUR LEARNING

Books

Wing, Kelisa. *How Can I Be an Ally? Racial Justice in America.* Ann Arbor, MI: Cherry Lake Press, 2021.

Winn, Kevin. *How Are Laws Made? We the People: U.S. Government at Work.* Ann Arbor, MI: Cherry Lake Press, 2023.

GLOSSARY

advocates (AD-vuh-kuhts) people who defend or promote a cause or idea

background checks (BAK-grownd CHEHKS) processes to check that someone is who they say they are; checks to see if someone committed a crime

citizens (SIH-tuh-zuhnz) members of a community; people with full legal rights and protections of a country

committee (kuh-MIH-tee) a subgroup of a larger group that is in charge of thinking about, discussing, and taking action on a topic or issue

deported (dih-POR-tuhd) removed from the country involuntarily

elected (ih-LEK-tuhd) voted into a political office

inclusive (in-KLOO-siv) including everything or everyone

lawsuit (LAW-soot) a case or complaint brought to a court

political parties (peh-LIH-tih-kuhl PAR-teez) official groups that vote on similar issues and have a shared mission and agenda; in the United States, the Republican Party and the Democratic Party are the two primary parties

privilege (PRIV-lij) rights or advantages a person has

residency (REH-zuh-duhn-see) where a person lives; official permission to live somewhere

undocumented (uhn-DAH-kyoo-men-tuhd) lacking official papers required for legal status

unlawful (uhn-LAW-fuhl) against the law; illegal

U.S. Congress (YOO EHS KAHN-gruhs) the branch of United States government that makes laws; senators and members of the House of Representatives make up this branch

xenophobia (zee-nuh-FOH-bee-uh) fear of strangers or anything foreign

INDEX

EXPANDE TU APRENDIZAJE

Libros

Wing, Kelisa. *How Can I Be an Ally? Racial Justice in America.* Ann Arbor, MI: Cherry Lake Press, 2021.

Winn, Kevin. *How Are Laws Made? We the People: U.S. Government at Work.* Ann Arbor, MI: Cherry Lake Press, 2023.

GLOSARIO

defensores de derechos: gente que defiende o promueve una causa o idea

verificaciones de antecedentes: los procesos para verificar que alguien es quien dice ser; las verificaciónes para ver si alguien cometió un delito

ciudadanos: miembros de una comunidad; personas de un país con derechos legales y protecciones plenos

comité: un subgrupo de un grupo más grande que se encarga de pensar, discutir y tomar medidas sobre un tema o cuestión

deportado: retirado del país involuntariamente

electo: votado para un cargo político

inclusivo: que incluye a todo o todos

demanda: un caso o queja presentada ante un tribunal

partidos políticos: grupos oficiales que votan sobre temas similares y tienen una misión y agenda compartidas; en los Estados Unidos, el Partido Republicano y el Partido Demócrata son los dos partidos principales

privilegios: derechos o ventajas que tiene una persona

residencia: donde vive una persona; permiso oficial para vivir en algún lugar

indocumentado: que carece de los papeles oficiales requeridos para tener un estatus legal

ilícito: contra la ley; ilegal

Congreso de los Estados Unidos: la rama del gobierno de los Estados Unidos que hace leyes, conformada por los senadores y los miembros de la Cámara de Representantes

xenofobia: miedo a los extranjeros o a cualquier cosa de otro país

INDICE